초등학생의 진로와 직업 탐색을 위한
잡프러포즈 시리즈 23

쇼호스트는 어때?

차례

CHAPTER 01 쇼호스트 민주홍의 프러포즈

- 쇼호스트 민주홍의 프러포즈 … 10

CHAPTER 02 쇼호스트는 누구인가요?

- 쇼호스트란? … 15
- 쇼호스트의 역사는? … 16
- 쇼호스트가 하는 구체적인 일은? … 18
- 쇼호스트의 일터는? … 22

CHAPTER 03 쇼호스트가 되려면

- 성격보다는 하고자 하는 의지가 중요해요 … 27
- 깡, 끼, 끈, 꾀, 꼴, 꿈, 꾼의 자질이 필요해요 … 28
- 남들 앞에서 말하는 연습을 하면 좋아요 … 29
- 전공이나 경력은 상관없어요 … 30
- 준비되었다면 공개채용에 도전! … 32
- 인턴과정을 마치고 쇼호스트로! … 34

CHAPTER 04 쇼호스트의 세계

- ☺ 과장하지 않는 것으로 고객의 신뢰를 얻어라! … 39
- ☺ 모든 상품을 미리 써보는 것은 기본 … 40
- ☺ 이미지 관리는 철저하게 … 42
- ☺ 발성과 발음 연습도 틈틈이 … 44
- ☺ 메모하는 습관을 … 46
- ☺ 필요하다면 상품 관련한 공부도 … 48
- ☺ 시청자를 설득하는 기술, 스토리텔링 … 49
- ☺ 동료와 호흡도 중요해요 … 50

CHAPTER 05 쇼호스트의 매력

- ☺ 열정적으로 일하는 기쁨 … 55
- ☺ 신상품을 제일 먼저 쓰는 매력 … 56
- ☺ 협력사의 인정과 신뢰를 얻었을 때의 성취감 … 57
- ☺ 시간을 자유롭게 쓰며 일과 육아를 함께! … 58

CHAPTER 06 쇼호스트의 하루

- ☺ 쇼호스트 민주홍의 하루 … 62

CHAPTER 07 쇼호스트의 마음가짐

- 판매실적에 따라 마음이 무거울 때가 있어요 … 71
- 일하는 시간이 매번 달라 체력 관리가 필요해요 … 72
- 직업병도 있고, 직업적인 실수도 있어요 … 74
- 여행하며 마음을 가볍게 해요 … 75
- 어려운 상품을 맡아도 두려워하지 말아요 … 76

CHAPTER 08 쇼호스트의 미래

- 쇼호스트의 수요는 많아요 … 81
- 미래에도 필요한 직업이죠 … 82

CHAPTER 09 쇼호스트 민주홍을 소개합니다

- 발표하는 걸 좋아하는 주홍이! … 87
- 중학생 때는 공부만 열심히 … 89
- 방송반 활동이 즐거웠던 고등학교 시절 … 90
- 쇼호스트라는 꿈! … 92
- 꿈을 향해 앞으로 앞으로! … 93
- 최연소 쇼호스트가 되어 … 94
- 가슴 떨리는 첫 방송의 기억 … 95

- ☺ 자신만의 색깔이 있는 쇼호스트가 되자! … 96
- ☺ 민주홍의 이름을 건 프로그램도 … 97
- ☺ 큰 방송사고가 최고 매출로 이어지기도 … 98
- ☺ 전문가가 되기 위해 대학원에 진학했어요 … 100
- ☺ 재능기부로 다양한 활동을 해요 … 102
- ☺ 아직 하고 싶은 일이 많아요 … 103

CHAPTER 10. 10문 10답 Q&A

- ☺ Q1. 방송 중 돌발 사고가 발생하면 어떻게 대처하나요? … 107
- ☺ Q2. 다른 분야로 진출이 가능한가요? … 108
- ☺ Q3. 쇼호스트의 연봉은 얼마인가요? … 109
- ☺ Q4. 쇼호스트의 남녀 성비는 어떻게 되나요? … 110
- ☺ Q5. 상품 개발에 직접 참여한 적도 있나요? … 111
- ☺ Q6. 외국의 쇼호스드와 다른 점은 무엇일까요? … 112
- ☺ Q7. 외국어를 잘해야 하나요? … 113
- ☺ Q8. 아카데미에 다니면 입사에 도움이 될까요? … 114
- ☺ Q9. 이 일을 그만두고 싶었을 때도 있었나요? … 115
- ☺ Q10. 홈쇼핑에서 특이한 상품을 판매한 적이 있다면? … 116

CHAPTER 11. 나도 쇼호스트

- ☺ 나도 쇼호스트 … 119

쇼호스트 민주홍의 프러포즈

안녕하세요? 여러분!

빨간 사과를 한입 베어 물며 맛깔나게 소개하는,

예쁜 색깔의 옷을 입어보며 맵시나게 소개하는,

화장품과 가전제품, 렌터카, 보험 등 다양한 제품을 소개하는,

TV 속의 쇼호스트 민주홍이에요.

  저는 우리나라 최연소 쇼호스트로 시작해 NS홈쇼핑 최우수 쇼호스트 상을 받고 지금은 신뢰받는 쇼호스트를 꿈꾸고 있어요. 이 일은 단순히 상품을 소개하는 데 그치지 않아요. 상품마다 저만의 노하우와 경험, 아이디어로 상품을 빛나게 해줄 날개를 달아줘야 하죠. 정답은 없어요. 그래서 많이 고민하고 연구해요. 제가 상품에 달아준 날개의 도움으로 멀리 날아오를 수 있도록 말이에요.

진실을 담아 진심을 전하는 일, 그게 바로 쇼호스트의 일이에요. 진실을 구분하기 위한 분석력과 관찰력, 진심을 담아내기 위한 기획력과 통찰력이 필요하죠. 쇼호스트란 직업에 호기심이 생겨 이 책을 넘겨보고 있다면 제 프러포즈를 받아줄래요? 여러분은 이미 시간과 가능성을 가지고 있잖아요. 원하면 무엇이든 될 수 있어요. 열정만 준비하세요!

그럼, 먼저 기다리고 있을게요.

쇼호스트 선배 민주홍

2장에서는?

쇼호스트라는 직업은 언제 생겼고, 어떤 일을 하는 걸까요? TV 홈쇼핑에서 보이는 것뿐 아니라 보이지 않는 곳에서 하는 일도 알아보아요.

쇼호스트란?

　사전을 보면 쇼호스트란 홈쇼핑 전문 채널에서 쇼핑 관련 프로그램을 진행하는 전문직이라고 되어 있어요. 저는 쉽게 얘기해 쇼호스트란 상품에 날개를 달아주는 사람이라고 생각해요. 각 상품에 맞는 날개를 달아 고객에게 날아가도록 가치를 부여하는 일을 하는 거죠. 각 상품마다 어떤 날개가 어울릴지 고민하고 분석하는 일도 하면서요. 상품을 과장하지 않고 가치와 진실을 담아 포장해 진심과 함께 전하는 일이 바로 제가 하는 일이에요.

　쇼호스트를 쇼핑호스트라고도 해요. 회사마다 사용하는 이름이 다를 뿐 같은 직업이에요. NS홈쇼핑과 GS홈쇼핑 단 두 군데만 쇼핑호스트라고 불러요.

 ## 쇼호스트의 역사는?

　1995년도에 TV홈쇼핑이 처음 생겼고, 진행자가 필요해지면서 쇼호스트란 직업도 그때 등장했죠. T-커머스(TV와 Commerce가 결합된 단어로 텔레비전을 통한 전자상거래)가 생긴 건 2012년이고요. TV 홈쇼핑에는 생방송을 하는 채널인 NS홈쇼핑, GS홈쇼핑, CJ온스타일, 롯데홈쇼핑, 현대홈쇼핑, 홈앤쇼핑, 공영홈쇼핑이 있어요. 그리고 녹화한 방송을 틀어주는 T-커머스 채널은 KT알파쇼핑, SK스토아, 쇼핑엔티, 신세계쇼핑, 더블유쇼핑이 있는데요. 둘 다 역사는 짧지만 급성장한 분야예요. 생방송 채널의 쇼호스트는 현재 350여 명이에요. T커머스 채널의 경우 150여 명 정도이니 모두 합하면 500여 명 정도 되겠네요.

쇼호스트는 소개하는 상품을 먼저 써보고
상품의 가치를 찾아내 고객에게 소개해요.
과장하지 않고 진실을 담아 진심을 전하는 쇼호스트는
상품에 날개를 달아주는 사람이랍니다.

쇼호스트가 하는 구체적인 일은?

쇼호스트가 방송하는 과정을 구체적으로 알려드릴게요.

사전 회의

먼저 방송 일주일 전 혹은 열흘 전에 사전 회의를 해요. PD(Producer: 방송 콘텐츠 기획 및 쇼호스트 연출 등을 담당), MD(Merchandiser: 방송할 상품을 기획하고 준비하는 담당자), 협력사 직원과 쇼호스트가 참석하는데요. 첫 회의에서는 해당 상품에 대한 설명을 들어요. 그리고 방송 전까지 상품을 분석하고 어떻게 소비자에게 전달하면 좋을지 고민하며 준비해요. 일반 상품의 경우 한 번의 사전 회의로 충분하지만 첫 방송을 하는 론칭 상품의 경우는 사전 회의를 3회 정도 진행해요.

상품기술서 익히기

방송할 상품이 정해졌다면 제일 먼저 상품에 대해 공부해요. 협력사로부터 상품기술서를 받는데 그걸 한 번 눈으로 쓱 본다고 해서 능숙

하게 설명할 수는 없어요. 어떤 식으로 소개할 것인지 정하려면 우선 상품에 대해 자세히 공부하고 잘못된 정보를 전달하는 일이 없도록 작은 부분까지 꼼꼼히 살펴봐요. 어떻게 설명하면 좋을지도 생각하고요.

판매할 상품 직접 사용하기

판매할 상품을 직접 써 보는 것은 너무나 당연한 일이에요. 직접 써 보아야 더 잘 이해할 수 있고 진심을 다해 전달할 수가 있죠. 방송에서 단순히 사용 방법만을 안내하는 것이 아니라 응용 방법이나 보관 방법을 알려주는 등 상품에 관해 깊이 있게 이야기하려면 꼭 미리 써 봐야 해요.

소구점 찾기

소구점은 기업이 소비자로 하여금 자사 제품에 대해 관심을 갖고 구매할 수 있도록 강조하는 점을 말해요. 쇼호스트는 이 소구점을 찾아 어떻게 방송할지 생각해요. 예를 들어 화장품 크림을 설명할 때 카메라를 향해 펴 바르는 행동은 너무 단순해요. 그래서 화장품을 손등에 짜 놓고 두들기거나 누르거나 거꾸로 들거나 해보며 어떻게 해야 상품이 돋보일지 연구하죠.

식품의 경우 제가 직접 먹어보고 맛을 느껴보는데요. 한 번은 스무

번이나 매진을 한 닭갈비 방송을 맡았어요. 제가 먹어보니 좀 매운 거예요. 그래서 방송에서 솔직하게 얘기했어요. 가족 간에도 입맛이 다르잖아요? 저처럼 매운 걸 잘 못 드시는 분들 그리고 아이와 함께 드시는 댁은 양념의 양을 조절해서 드셔보세요. 아니면 양배추 한 통 사서 굵게 채 썰어 같이 넣으면 맛있게 드실 수 있어요."하고요. 매운데 맵지 않다고 할 수는 없으니 오히려 그 점을 이용해 고객들에게 정보를 드리는 거죠.

경쟁상품 시장 조사

경쟁사 상품엔 어떤 것이 있는지 조사하고 그 상품과 우리 회사 상품의 장단점을 분석해요. 또 소비자들의 마음은 빠르게 변하기 때문에 요즘은 어떤 경향인지 최신 정보를 알아보는 노력도 중요해요. 그 밖에 상품에 대한 후기를 보며 소비자들이 어떤 점을 좋아하고 어떤 점을 단점이라고 생각하는지도 조사하지요.

콘셉트 회의

PD, MD, 협력사와 쇼호스트가 모여서 생방송에서 진행할 주요 소구점, 최근 소비자들의 관심, 무대 콘셉트 등과 관련한 아이디어 회의를 해요. 이때 TV를 통해 상품의 가치를 전달해야 하기 때문에 상품을 잘 보여줄 수 있는 시연을 논의해요. 더불어 쇼호스트가 설명하면서 필요한 손팻말과 같은 핸들링 차트를 요청하기도 하고요. 스튜디오 무대의 느낌, 뒷배경까지 논의하며 무대 구성에 대해서도 의견을 나눠요. 이 회의에서 상품의 전체적인 방향이 결정되기 때문에 중요한 자리입니다.

생방송

생방송이 있는 날은 두 시간 전에 분장하고 의상을 입어요. 그리고 한 시간 전에 감독님들, 기술 스텝들과 간단한 회의를 하죠. 회의가 끝나면 스튜디오로 가서 상품 준비를 시작해요. 방송 20분 전이 되면 다 같이 첫 리허설을 하고, 드디어 한 시간가량 생방송을 진행하는 거예요. 방송이 끝난 후에는 PD, MD, 협력사 직원이 다 같이 모여 방송 결과에 대한 회의를 하고요.

쇼호스트의 일터는?

홈쇼핑 스튜디오가 쇼호스트의 일터예요. 제가 일하는 NS홈쇼핑 건물에는 스튜디오가 2층에 3개, 3층에 1개, 그리고 별관에 가장 큰 규모의 스튜디오가 1개 있어요. 스튜디오는 번갈아 사용하는데 사전에 준비할 게 많아서 바로 앞 방송팀과는 같은 스튜디오를 사용할 수 없어요. 또 본관 2층에는 분장실과 코디실, 네일 관리 받는 곳, 게스트 대기실, 협력사 대기실 등이 있어요.

쇼호스트는 프리랜서라 회사 안에 개인 책상은 없어요. 컴퓨터가 필요한 경우 공용 PC가 있는 공간을 사용하죠.

여러 대의 카메라와 밝은 조명 아래 소개할 상품이 있는 스튜디오가 쇼호스트의 일터죠~

3장에서는?

쇼호스트가 되고 싶다면 어떤 것에 관심을 가지고, 어떤 준비를 하는 게 좋을까요? 쇼호스트의 꿈을 이룬 민주홍 선배의 이야기를 들어보아요.

성격보다 하고자 하는 의지가 중요해요

　밝은 성격의 사람이 이 일을 잘할 거라고 많이들 생각해요. 그렇지만 동료들을 보면 모두 밝고 활발한 사람들만 있는 건 아니에요. 쇼호스트의 수만큼이나 성격이 다양하죠. 어떤 사람은 평소에 말수가 없고 얌전하지만 방송에서는 그렇지 않기도 해요. 또 평소와 같이 조용하게 말하며 차분히 설명하는 사람도 있고요.

　동료 중 정상헌 쇼호스트는 평소에도 말이 별로 없고 마이크 앞에 선 경험도 없던 터라 처음 이 일을 한다고 했을 때 친구들이 정말 놀라워했다고 해요. 동료들만 봐도 어떤 성격이 적합하다고 말하기는 어려워요. 중요한 건 이 일에 얼마나 관심과 열정이 많은가 하는 것이지 성격은 그리 중요하지 않아요.

깡, 끼, 끈, 꾀, 꼴, 꿈, 꾼의 자질이 필요해요

이게 무슨 말이냐고요? 입사 시험 1차에 합격하고 2차 카메라 테스트를 받으러 갔는데 아주 큰 스튜디오 안에 카메라 3대가 켜져 있었어요. 앞에는 근엄한 면접관들이 앉아 계셨고요. 정말 떨리더라고요. 좋은 쇼호스트가 되기 위해서 어떤 자질을 갖춰야 하냐는 질문을 받았죠. 그때의 대답은 지금도 변함이 없어요. 그때 저는 큰 목소리로 주문처럼 이렇게 대답했어요. 깡이라는 자신감, 끼라는 순발력이 있어야 해요. 그리고 끈이라는 선배들과의 인맥도 중요하죠. 함께 진행하는 선배에게 많은 걸 배우게 되거든요. 꾀라는 아이디어와 꼴이라는 호감형 외형관리, 꿈이라는 좋은 쇼호스트가 되려는 마음, 마지막으로 꾼이 되겠다는 포부까지 갖춰야 한다고 생각해요.

남들 앞에서 말하는 연습을 하면 좋아요

쇼호스트가 되고 싶다면 먼저 발표를 많이 해보면 좋겠어요. 반에서 모둠별 수행평가 발표를 한다든지 교내 행사 때 전교생 앞에서 연설을 한다든지, 기회가 있을 때마다 적극적으로 나서보는 거예요. 머릿속으로 할 말을 정리하고 사람들 앞에 서서 대본 없이 말하는 연습을 하는 것도 좋아요. 내가 남들 앞에 서서 말하는 일을 좋아하는지도 알 수 있죠.

그리고 이 일을 잘 해내려면 사물을 관찰하고 분석하는 능력, 기획력도 중요해요. 그러니 같은 대상을 바라보더라도 남들과 다르게 보는 습관을 기르고 남들보다 더 깊이 있게 보려는 노력을 통해 안목을 길러보세요.

전공이나 경력은 상관없어요

　전공의 제한도 없고 특별히 유리한 전공도 없어요. 실제 합격자들의 전공을 보면 굉장히 다양해요. 영어영문학, 정치외교학, 철학 전공자도 있고, 패션디자인학과나 방송연예학과, 연극과, 무용과 전공자도 있고요. 드물게는 치위생과, 건축과, 전자정보통신학과를 나온 사람도 있고요. 각양각색이죠?

　경력도 매우 다채로워요. 앵커, 기상캐스터, 아나운서 출신도 있고, 잡지 모델이나 호텔리어, 사내 아나운서, 승무원 경력자도 있고요. 저와 자주 방송하는 장성민 쇼호스트는 아이돌 출신이죠. 하고 싶은 의지만 있다면 어떤 전공이나 경력도 상관없어요.

깡, 끼, 끈, 꾀, 꼴, 꿈, 꾼!
자신감, 순발력, 선배에게 배우는 마음, 아이디어,
호감형 외모, 좋은 쇼호스트가 되려는 꿈,
그리고 진짜 꾼이 되겠다는 포부를
갖추기 위해 노력해 봐요.^^

준비되었다면 공개채용에 도전!

가장 기본적인 방법은 공개채용에 응시하는 거예요. 공개채용은 정기적으로 있는 것은 아니에요. 회사마다 채용하는 인원과 시기가 달라요. NS홈쇼핑의 경우 1년에 한 번 정도 하는데 때에 따라서는 2년에 한 번 하기도 하죠.

공개채용의 첫 단계는 서류전형이에요. 응시 자격을 보면 나이 제한도 없고 전공 제한도 없어요. 채용 공고에 유경험자 우대란 말이 들어가기도 하는데, 보통 경력자와 신입을 나눠서 채용해요.

서류전형에 합격하면 2단계 카메라 테스트를 해요. 여기서는 카메라 화면에 잡힌 지원자의 웃는 모습과 인상 등을 봐요. 무조건 예쁜 게 유리한 건 아니에요. 고객들에게 호감을 줄 수 있는 사람인지 전체적인 인상을 보는 거죠.

그다음은 상품을 소개하는 프리젠테이션을 해요. 합격자들에게 식품, 건강기능식품, 이미용, 패션, 생활문화, 렌털 상품 등에서 하나의 상품을 제시한 후 미리 준비할 시간을 주죠. 그리고 즉석에서 다른 상품을 소개하도록 시켜봐요. 순간적인 대처 능력을 보기 위해서죠. 이 모든 과정을 거치고 나면 최종적으로 임원 면접을 봐요.

인턴과정을 마치고 쇼호스트로!

최종 합격하고 입사하면 먼저 3개월 정도의 인턴 기간을 거쳐요. 경험이 풍부한 선배들에게 지도와 조언을 받으며 실력을 키워나가고 그 기간의 평가를 통해 계약을 해요. 교육받은 신입이 모두 계약할 수 있는 건 아니에요. 평가 점수가 좋지 않은 몇몇은 탈락하기도 해요. 계약하고 쇼호스트가 되면 그때부터 방송을 시작하는데 초반에는 일주일에 1개 정도 하며 선배와 함께 진행하죠.

처음 계약은 보통 2년으로 이 기간을 인큐베이팅 과정이라고 해요. 쇼호스트로 성장하는 이 기간 동안은 방송 횟수와 상관없이 월급을 받아요. 이 과정이 끝나면 프리랜서 계약을 맺어요. 프리랜서이긴 하지만 계약한 회사의 방송만 진행하며, 나이나 연차, 경력과 상관없이 개인 능력에 따라 회당 쇼호스트가 받는 금액이 책정돼요. 이때부터는 오로지 능력으로 평가받는 거죠. 그래서 입사 동기라 해도 연봉은 다 달라요. 계약은 1년마다 하고요.

고객에게 상품을 소개할 준비가 되었나요?
그럼 이제 실전에 뛰어들어봐요!

4장에서는?

고객에게 상품의 진실을 전하고 진심을 전달한다는 쇼호스트! 어떤 노력을 거쳐 상품을 설명하고 고객을 설득하는 걸까요? 민주홍 쇼호스트만의 노하우도 들어보아요.

과장하지 않는 것으로 고객의 신뢰를 얻어라!

쇼호스트에게 가장 중요한 건 고객의 '신뢰'를 얻는 거예요. 신뢰를 얻으려면 상품의 성능을 소개하거나 주문 상황을 알리는 데 있어 절대 과장하지 않아야 하죠. 한 번쯤이야 뭐 어때 하는 생각으로 포장하고 과장해서 방송했는데, 상품을 구매한 고객들이 실망한다면 다음번에 또 저를 믿고 구매해주실까요? 쇼호스트는 상품에 진실만을 담아 진심으로 전달해야 해요. 그래야 제 말이 쌓여 감에 따라 고객들의 신뢰를 얻을 수 있죠.

홈쇼핑 상품은 받아보고 마음에 들지 않아 반품을 하더라도 택배 비용이 들지 않아요. 쉽게 주문하고 쉽게 반품할 수 있는 구조라 반품률을 줄이는 것도 중요한 문제인데요. 이를 위해서도 신뢰는 중요해요. 제가 과장하지 않고 있는 그대로를 설명한다면 고객들이 오해할 일이 적어지고 그것이 곧 낮은 반품률로 이어지니까요.

모든 상품을 미리 써보는 것은 기본

　쇼호스트가 실제로 모든 상품을 미리 써보고 방송하느냐는 질문을 많이 받아요. 생방송 전에 고객보다 먼저 상품을 체험해보는 건 쇼호스트의 철칙이에요. 설명서를 읽는 것만 가지고 방송해서는 그 느낌을 충분히 전달할 수 없어요. 직접 써 봐야 상품을 더 잘 이해할 수 있고, 진심을 다해 전달할 수 있으니까요.

　방송에서 단순히 상품 사용법만을 안내하는 것이 아니라 응용 방법이나 보관 방법을 알려주는 등 상품에 관해 깊이 있게 이야기하려면 꼭 미리 써봐야 해요. 그래서 회사에서는 샘플 비용을 모두 지불하고 저희는 상품을 먼저 받아 사용해보고 있어요.

쇼호스트에게는 고객의 믿음이 중요해요.
그걸 어떻게 알 수 있냐고요?
실시간 실격으로도 반영되지만, 반품도 연관이 있어요.
홈쇼핑 상품의 장점은 받아보고 마음에 들지 않으면
쉽게 반품할 수 있다는 거예요.
반품이 적다는 건 쇼호스트가 고객에게
믿음이 가는 설명을 전했다는 것이죠.

이미지 관리는 철저하게

　쇼호스트가 되려면 예뻐야 하냐는 질문도 많이 받아요. 실제로 미인대회 출신도 있어서 예쁜 사람들이 많아 보이죠. 하지만 제 생각에는 예쁜 것보다 호감형 얼굴이 더 좋을 것 같아요. 호감은 인상에서 나오기 때문에 좋은 인상, 밝은 인상을 주기 위해 표정 연습도 많이 하죠.

　그렇다고 방송 내내 미소를 지어야 하는 건 아니에요. 공기청정기 방송을 할 때 미세먼지와 황사의 심각성을 얘기하면서 웃을 수는 없잖아요. 또 상조 방송을 할 때 부모님과의 마지막 이별에 대해 조심스레 얘기할 때도 마찬가지고요. 고객의 공감을 얻기 위해서는 상품의 상황에 맞는 표정을 지어야죠.

　그리고 방송을 하는 60분 내내 같은 표정을 짓는다면 재미가 없어요. 거울을 보며 여러 가지 표정도 연습하고 어떤 미소가 더 매력 있을까 연구도 하죠. 방송을 진행하는 사람으로서 이미지는 매우 중요한 요소이기 때문에 외면을 관리하는 것도 쇼호스트가 할 일 중 하나예요.

발성과 발음 연습도 틈틈이

볼펜 물고 발음 연습하는 이야기 많이 들어보셨죠? 저 같은 경우 립스틱을 바른 상태에서 그런 연습을 하는 게 불편하더라고요. 그래서 녹음하기 직전에 치아를 다물고 말하는 연습을 해요. 치아를 다물고 말을 하면 입 주변의 근육이 싹 풀어지거든요. 어느 정도 연습하고 나면 입을 작게 벌리건 크게 벌리건 발음이 명확해지는 게 느껴지죠. 저는 잘 하지 않지만 혀를 내밀고 말하는 방법도 목 근육을 풀어주는 데 좋다고 해요.

시청자의 눈과 귀를 사로잡아 상품을
돋보이게 만드는 일도 쇼호스트의 역할이죠.^^

메모하는 습관을

저는 메모하는 습관이 있어요. 평소에 나가서 본 것, 느낀 것들을 모두 적어두죠. 예를 들어 멍하니 뉴스를 보고 있다가 올해 111년 만의 무더위가 찾아왔다는 얘길 들어요. 그럼 그걸 메모했다가 방송에 사용해요. "고객님들, 요즘 정말 더우시죠? 어제 뉴스를 봤는데 111년 만의 더위라고 하네요."라고 하는 거죠. 이런 식으로 객관적인 사실을 메모하기도 하지만 감정적인 것들, 오늘 느꼈던 것들도 메모해요.

예를 들면 어제 낮에 출근하려고 주차해 놓은 곳으로 갔는데 차량의 손잡이가 너무 뜨거운 거예요. 차 문을 열고 들어가 앉았는데 열기로 인해 내부는 후끈거리고 핸들이며 카시트며 모두 뜨거웠죠. 그래서 에어컨을 틀어놓고 잠시 쉬면서 열기가 식기를 기다렸어요. 이런 여름날의 경험들, 이때 느꼈던 감정들을 적는 거예요. 누구나 겪는 일상이지만 적어두면 멘트를 하는데 도움이 되거든요. 앞에서 얘기한 "고객님들, 요즘 정말 더우시죠? 어제 뉴스를 봤는데 111년 만의 더위라고 하네요."라는 멘트 뒤에 "아니나 다를까 저도 운전하려고 차를 여는데 핸들부터 뜨끈뜨끈 하더라고요." 이런 식으로 덧붙이죠. 아무것도 없는 상태에서 이야기를 하는 것보다는 이렇게 메모를 참고하는 것이 친밀하고도 생동감 있게 말할 수 있는 비결이라고 생각해요.

 ## 필요하다면 상품 관련 공부도

　제가 스물세 살에 처음 쇼호스트가 되었을 때 얘긴데요. 식품 방송을 하는데 모든 게 낯설고 뭐가 뭔지 잘 모르겠는 거예요. 식품 방송시간이 제일 짧았는데도 요리해 본 적이 없는 저한테는 가장 어려운 방송이었죠. 아무것도 모르면서 아는 척을 하면 주부들한테 딱 들킬 것 같았거든요. 그렇다고 계속해서 식품 구성과 가격만 이야기할 수도 없고요. 그래서 요리 학원에 등록해 공부하기 시작했죠. 요리 학원에 다닌다고 모두 요리를 잘하게 되는 건 아니지만 부엌일을 해본 적이 없는 입장에서 이론 수업을 듣고 실습을 해본 것도 큰 도움이 되었어요.

시청자를 설득하는 기술, 스토리텔링

    예를 들어 석류즙을 판다고 해봐요. "오늘 단 하루, 네 박스를 얼마에 드립니다."라고 한다고 사람들이 상품을 사지 않아요. 수많은 채널과 광고 사이에서 제 상품의 가치를 잘 포장하고 전달하려면 스토리텔링이 정말 중요해요. 석류즙을 사는 소비자는 대체로 갱년기 여성들이죠. 그래서 이분들의 마음을 사로잡을 스토리를 생각하는 거예요. 석류에 대해 공부하고 조사한 내용을 이야기 들려주듯이 설명하죠. "석류의 꽃말이 뭔 줄 아세요? 원숙한 아름다움이래요. 지금 우리 엄마들이 딱 그렇지 않을까요? 그리스에서는 석류를 집들이 선물로 애용한대요. 그 이유를 알아보니 석류가 풍요로움을 상징해서래요."로 시작해 엄마라는 단어와 풍요로움이라는 이미지를 엮어 이야기를 이어나가는 거죠. 이렇게 다양한 정보를 활용해 만든 스토리텔링이 TV 앞에 앉아 있는 고객들의 귀를 솔깃하게 하고 저를 적극적으로 보게 만드는 저만의 기술이에요.

동료와 호흡도 중요해요

　요즘은 대부분 2명의 쇼호스트가 하나의 방송을 해요. 그래서 짝이 되는 쇼호스트와 호흡이 잘 맞으면 좋아요. 홈쇼핑 방송은 대본이 없으니까 한 사람이 '쿵'하면 다른 사람이 '짝'하고 맞받아 줘야 방송이 막힘없이 흘러가거든요. 그런데 방송을 시작한 지 얼마 되지 않은 쇼호스트는 너무 긴장한 탓에 파트너가 한 말을 듣지 못하는 경우도 있어요. 얼마 전 같이 방송한 쇼호스트도 마찬가지였어요. 제가 얘기를 어느 정도 했으니 이제 그 쇼호스트가 받아서 해줘야 하는데 눈치를 못 채고 카메라만 보고 있더라고요. 또 방송 중에 주문량을 보며 중간에 멘트를 달리해 줘야 하는데 경험이 없으니 같은 말을 반복하기도 하고요. 이런 일이 없도록 방송 전에 많이 맞춰보지만 생방송이라 긴장되는 건 어쩔 수 없는 것 같아요.

상품의 가치를 잘 파악하고 전달하려면
스토리텔링이 정말 중요해요.
상품과 관련한 공부도 하고, 자료도 조사도 해서
풍부한 이야기를 만들어내는 것이
쇼호스트의 능력이랍니다.

5장에서는?

어떤 매력이 있길래 수많은 사람이 쇼호스트가 되기를 꿈꿀까요? 쇼호스트로 오랫동안 일한 민주홍 선배의 솔직한 이야기를 들어보아요.

열정적으로 일하는 기쁨

이 직업의 가장 큰 장점은 열정을 바탕으로 일할 수 있다는 점이죠. 쇼호스트란 화려한 직업 뒤편에는 상품을 위해 연구하고 노력하고 분석하는 각자만의 열정이 필요해요. 열정을 쏟는 만큼 방송에서 차이가 나게 되어 있어요. 그 열정이 고객에게 전달되었을 때, 저는 기쁨을 느껴요. 좋아하는 일을 혼신을 다하면서도 즐겁게 일할 수 있으니 정말 큰 축복이죠.

신상품을 제일 먼저 쓰는 매력

새로운 상품이 나왔을 때 판매되기 전에 써볼 수 있어요. 저는 NS홈쇼핑은 물론 다른 홈쇼핑에서도 VIP 회원이에요. 백화점 MVG(초우량고객)이기도 하고요. 이 일을 시작하면서 제가 판매하는 상품만이 아니라 비슷한 상품도 직접 써보고 느끼는 것이 공부니까요. 그렇게 시작한 쇼핑이 취미가 되었죠. 그런 제가 다양한 신제품들을 사용해보고 먹어볼 수 있으니 얼마나 좋겠어요.^^

때론 제가 진행하지 않는 상품도 동료가 사용해보고 의견을 달라는 요청도 많아요. 그래서 많은 상품을 사용해보며 새로운 경험을 하고 있는데 그 일이 정말 재미있어요. 다양한 상품을 사용하면서 고민을 많이 해서인지 모두가 유행이 지났다고 하는 상품을 보고 멋진 아이디어가 떠오를 때도 있어요. 그래서 그 상품이 멋지게 판매에 성공하면 정말 큰 보람을 느끼죠.

협력사의 인정과 신뢰를 얻었을 때의 성취감

저는 과유불급이라는 말보다 불광불급이라는 말을 더 좋아해요. 不狂不及. 미쳐야 미칠 수 있다는 말인데요. 쇼호스트라면 자신이 방송할 상품에 지나칠 정도로 빠져들고 미쳐야만 그 상품을 온전히 이해할 수 있다고 생각해요. 그런 자세로 방송마다 상품에 대해 공부하며 최선을 다해 준비하지만 매번 좋은 성과를 낼 수는 없죠. 실적이 썩 좋지 않더라도 스튜디오 문을 열고 나왔을 때 협력사 대표님께서 "방송이 좋았어요. 다음 방송도 함께 해줘요. 역시 민주홍씨"라고 이야기해 주실 때가 있는데, 그런 순간 가장 큰 성취감을 느껴요.

한 협력사 상품을 오랫동안 방송한 적이 있어요. 그 협력사 대표님께서 제가 아니면 방송을 안 하겠다고 하셨대요. 그 얘기를 듣고 그만큼 저한테 믿음이 있었다는 생각에 정말 감사하더라고요. 저만의 방식으로 열심히 설명해서 상품이 매진되었을 때도 기쁘죠.

시간을 자유롭게 쓰며
일과 육아를 함께!

　일반 직장에 비해 시간을 자유롭게 쓸 수 있다는 장점도 있어요. 출퇴근 시간이 고정되어 있지 않으니 어떤 날은 평일이어도 아이와 온전히 하루를 보낼 수 있죠. 처음 이 직업을 선택할 때도 그런 점이 마음에 들었어요. 매일 같은 시간에 나와서 같은 시간에 들어가고 싶지는 않았거든요.

　회사에서는 결혼과 육아를 긍정적으로 바라보고 있어요. 프리랜서라 급여는 지급되지 않지만 육아휴직도 가능하고 복직하기도 쉬운 편이에요. 홈쇼핑의 주 고객층이 결혼한 주부들이라 관련 상품을 진행하는데 아주 큰 도움이 되거든요.

좋아하는 일을 열정적으로 할 수 있다니,
이보다 더 기쁜 일이 또 있을까요?
저에게 쇼호스트가 그런 일이랍니다.
상품을 만드는 협력사와 상품을 사용하는 고객,
양쪽의 신뢰를 받았을 때 느끼는 성취감도
이 일의 큰 매력이고요.

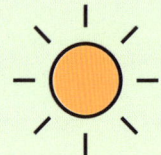

6장에서는?

안녕하세요? 민주홍 쇼호스트예요. 저와 함께 오늘 하루를 보내다 보면 쇼호스트가 하는 일이 뭔지 조금은 감이 잡힐 거예요. 스케줄을 보니 오전에는 사전 제작회의와 알로에 생방송 한 건이 잡혀있고, 오후에는 끌레드벨 신상품 설명회에 참석해야 하네요. 생방송이 진행되는 스튜디오도 구경하고, 홈쇼핑 회사는 과연 어떤 곳인지 함께 둘러봐요. 신상품 설명회장도 살짝 보여드릴게요.

아침 8시 : 방송국으로 출근

아침 9시 30분 : 사전 제작회의

오늘의 첫 번째 스케줄은 다음 주에 방송하는 여행상품의 사전 제작회의예요. 사전 제작회의 장소는 본관의 1층이에요. PD와 MD, 협력사 직원 그리고 쇼호스트가 모여 회의해요.

아침 10시 30분 : 생방송 준비

사전 제작회의가 끝나면 이제 생방송 준비를 하러 가요. 담당자들의 도움을 받아 분장하고 의상을 입어요. 생방송을 진행하기 위해 준비한 멘트도 한 번 더 읽어보고요.

아침 11시 30분 : 생방송 한 시간 전!

생방송을 진행하는 모든 스텝이 모여 사전 회의를 해요. PD와 쇼호스트는 물론 기술감독과 조명 담당 등 생방송 진행을 담당하는 모든 사람이 한자리에 모이죠. 그리고 이때 마이크와 이어피스를 착용하는데, 이어피스는 생방송 중 PD와 저를 이어주는 의사소통 수단이에요.

낮 12시 : 최종 리허설

스튜디오에 들어가 방송 전 최종 리허설을 해요. 스튜디오 안에는 생방송을 촬영하는 4대의 카메라와 3대의 TV, 실시간 주문 상황을 보여주는 콜 모니터가 보여요. 2대가 붙어있는 TV의 위쪽 화면은 생방송 화면이고, 아래쪽 화면은 다음에 나갈 화면이에요. TV 아래 ON-AIR 표시등에 불이 들어오면 마이크가 켜져요. 제가 앉아있는 설명석 테이블 위에는 간단한 서류와 판매할 상품, 그리고 개인 조명도 있죠.

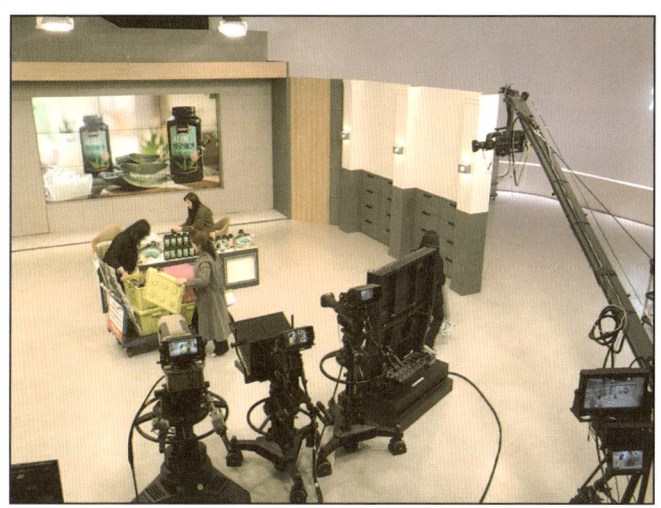

낮 12시 30분 : 생방송

드디어 생방송 시작! 오늘 방송하는 상품은 건강식품인 알로에예요. 서구화된 식습관으로 인해 우리의 몸은 산성으로 기울게 되는데요. 산성이 된 체질을 개선하는데 도움이 되는 알칼리성 식품인 알로에를 판매할 예정이에요.

낮 1시 30분 : 사후 미팅

생방송이 끝나면 사후 미팅 시간을 가져요. 오늘 방송에 대해 이야기를 나누는 일도 매우 중요한 과정이죠. 사후 미팅 장소는 본관의 2층 쇼호스트 대기실이에요.

낮 2시 : 점심 시간
벌써 2시가 되었네요. 이제 점심을 먹으러 가요.

낮 3시 : 신상품 설명회 준비
새롭게 화장품 쿠션이 출시되어 협력사에서 준비한 신상품 발표회에 초대되었어요. 호텔로 이동해요.

낮 4시 : 신상품 설명회
여름에 출시될 클레드벨 신상품 설명회에 참석하기 위해 호텔 강연장에 도착했어요. 클레드벨 쿠션은 이 상품의 모델인 여배우가 직접 사용하는 제품으로 알려지면서 출시 전부터 소비자들의 관심이 컸다고 하네요. 신제품 프리젠테이션을 듣고 상품이 전시된 곳에 가서 부드럽게 발리는지, 발색은 어떤지, 커버력은 어느 정도인지 알기 위해 직접 발라봐요.

저녁 6시 : 퇴근
신상품 설명회를 끝으로 오늘 스케줄은 마무리되었어요. 이제 집으로 퇴근해요!

7장에서는?

무슨 일이든 힘든 시간이 있어요. 쇼호스트라는 직업은 어떤 어려움이 있고, 그럴 때는 어떻게 마음을 가볍게 할까요? 민주홍 쇼호스트가 소중한 경험을 나눠줍니다.

판매실적에 따라 마음이 무거울 때가 있어요

이 일을 하는 것이 정말 즐겁지만 스트레스가 없다고는 못해요. 저도 가끔 불안한 마음도 들고 심리적 압박감을 느끼죠. 쇼호스트는 방송만 하는 게 아니라 상품 판매와 연결되다 보니 실적에 따라 감정이 변하게 되고요. 저는 후배들에게 실적이 좋다고 뛸 듯이 기뻐하지도, 실적이 좋지 않다고 좌절하지도 말라고 얘기해 줘요. 그렇게 감정변화를 심하게 겪으면 이 일을 오래 하지 못하니까요. 다들 머리로는 이해해도 마음이 따라가질 못하죠. 저 역시 마찬가지고요. 시간이 지나고 경험이 쌓이면서 스트레스의 강도는 줄어드는 것 같아요.

일하는 시간이 매번 달라 체력 관리가 필요해요

밤 12시에 방송이 있는 날은 밤 10시에 출근해서 새벽 3시에 퇴근해요. 정해진 시간에 출퇴근하지 않아 좋은 점도 있지만 출퇴근 시간이 너무 불규칙할 때는 수면 시간이 일정하지 않아 몸에 무리가 갈 수 있죠. 그래서 체력관리가 중요해요.

쇼호스트들은 이렇게 밤늦게까지 일하는 경우가 종종 있어서 신체 리듬이 흐트러지거나 몸에 부담이 가는 일이 생겨요. 그래서 몸에 좋다는 것들을 챙겨 먹는 사람이 많아요. 운동할 시간을 내기도 힘들어서 저 역시 기운이 나는 음식이나 보약, 약 등을 챙겨 먹고 있죠.

상품의 판매 결과에 따라
일희일비(一喜一悲)하지 말아요!
실적이 좋을 때도, 실적이 나쁠 때도 있다는 것을
받아들이며 마음의 부담을 줄이는 노력도 필요해요.

직업병도 있고,
직업적인 실수도 있어요

쇼호스트들은 목감기에 잘 걸려요. 회사 근처에는 쇼호스트들이 단체로 가는 이비인후과도 있죠. 목을 많이 사용한 결과 그 부분이 약해져서 그렇다고 하더라고요. 그게 직업병이죠.

또 직업에서 오는 말실수도 있어요. 인터넷에서 읽은 얘기인데 이게 제 얘기가 될 수도 있겠다 싶더라고요. 결혼식 사회자가 하객들에게 인사를 했대요. "5월의 따사로운 날씨에 신랑과 신부의 결혼을 축하하기 위해 귀한 발걸음 해주신 고객 여러분들 감사합니다."하고 하객을 고객이라고 한 거죠. 이 얘기를 읽으며 웃었지만 이게 남의 일만은 아닐 수도 있다고 생각해요. 그래서 엊그제 결혼식 사회를 보면서 대본 위에 크게 하객이라고 써놨죠. 고객이라니, 남의 결혼식에 얼마나 큰 실례예요.^^

여행하며 마음을 가볍게 해요

저는 시간이 날 때나 스트레스 때문에 힘이 들면 여행을 가요. 긴 기간이 아니라 하루만 쉬어도 당일에 다녀올 수 있는 곳으로 떠나죠. 조용히 집에 있는 것보다 가끔은 다람쥐처럼 쌩쌩 어디든 둘러보면 힐링이 되더라고요.

그래서 그런지 반복되는 방송환경에서 벗어나 인터뷰를 위해 외부 촬영을 가는 것도 좋아해요. 제 이런 성향을 보고 한 선배님이 이 직업을 참 잘 선택했다고 하시더라고요. 제가 신나서 인터뷰하러 간다고 하면 에너지가 대단하다고 하시면서요.^^

어려운 상품을 맡아도 두려워하지 말아요

　제가 직접 경험할 수 없는 건강 관련한 상품이나 금액대가 높은 의료기기 상품을 방송할 때 가장 힘들어요. 이런 상품은 대개 연령대가 높은 소비자를 대상으로 해요. 저는 아직 그 나이대가 아니라 제 이야기를 들으시는 고객들이 저 어린 친구가 아는 척한다고 느끼실 수 있거든요. 그런 식으로 아는 척하는 사람, 건방진 사람으로 여겨지고 싶지 않아요. 그렇다고 그 부분은 모르겠다고 하면 고객들의 공감을 얻어낼 수 없고요. 제가 직접 경험하지 못했고, 할 수도 없는 것들을 이야기로 풀어나가는 게 아직도 큰 숙제같아요. 그래서 이런 종류의 상품들을 잘 방송해냈을 때 가장 큰 희열을 느끼죠.

고객의 공감을 사기 위해 쇼호스트는 오늘도 최선을 다해요~

8장에서는?

쇼호스트라는 직업은 짧은 역사에 비해 굉장히 빠르게 성장했어요. 쇼핑 환경의 변화에 맞춰 미래에도 필요한 직업인지, 그 답을 들어보아요.

쇼호스트의 수요는 많아요

　TV 홈쇼핑 영역은 생방송을 하는 채널뿐 아니라 녹화방송을 하는 T커머스 채널과 M커머스(Mobile Phone과 Commerce가 결합된 단어로 무선기기를 이용한 전자상거래)까지 확대되었어요. 특히 T커머스는 굉장한 기세로 급성장 중이죠. 그리고 소셜커머스(소셜 네트워크 서비스(SNS)를 통하여 이루어지는 전자상거래) 중 몇몇 회사는 상품을 판매하는 쇼호스트가 있고요. 일부 상품을 클릭하면 영상이 나오는데 그게 홈쇼핑처럼 구성되어 있는 거죠. 이런 상품들의 판매율이 굉장히 좋다고 하네요. 이런 기세로 M커머스 SNS로까지 홈쇼핑의 영역은 확대될 거예요. 이런 상황을 볼 때 쇼호스트가 필요한 곳은 더더욱 많아지리라 생각해요.

미래에도 필요한 직업이죠

요즘은 발품 파는 시대가 아니라 손품 파는 시대라고 하잖아요. 스마트폰만 있으면 앉은 자리에서 비교 분석을 마치고 더 나은 상품을 골라 쇼핑을 하니까요. 이러한 모바일 시장은 앞으로 더 확장될 것이고 수많은 상품 중 괜찮은 상품을 골라 소개하는 일은 더욱 중요해질 거예요. 그리고 아무리 인공지능이 최첨단으로 발전한다 해도 기계가 사람의 마음에 공감하고 사람들의 마음을 설득할 수는 없을 거예요. 상품을 잘 설명할 순 있어도 말이죠. 그러니 TV 건너편에 있는 고객의 마음을 읽고 공감하는 쇼호스트는 미래에도 꼭 필요한 직업이죠.

원하는 물건을 사기 위해 발품을 파는 시대는 지나갔어요.
스마트폰으로 여러 상품을 비교하는 '손품' 시대에
쇼호스트의 역할이 더 중요해지고 있어요.

9장에서는?

마이크 잡는 걸 좋아했던 어린 주홍이! 어떻게 남보다 일찍 쇼호스트라는 꿈을 꾸게 되었는지, 꿈을 이루기 위해 어떤 노력을 했는지 들어보는 시간! 쇼호스트가 되어 방송 실수했던 이야기도 들려주신대요.

발표하는 걸 좋아하는 주홍이!

초등학교 2학년 때부터 6학년 때까지 계속 반장을 했어요. 6학년 때는 전교 회장도 했고요. 학교마다 소년동아일보 기자단이 2명씩 있었는데 5~6학년 때는 기자단으로 활동했죠. 아마 KBS 기자로 활동하셨던 이모의 영향인 것 같아요. 이모를 따라 방송국에 자주 놀러 가서 실제로 방송하는 모습을 보곤 했어요. 제가 좋아하니까 이모는 출입이 가능한 곳이면 다 데리고 가셨고 그런 경험을 통해 자연스럽게 방송에 익숙해졌죠.

그러다 그 안에서 마이크를 잡고 이야기하는 분들이 정말 멋있어서 그분들처럼 되고 싶다는 생각이 들었어요. 마침 다니던 초등학교에 방송반이 생겨서 활동을 하게 되었죠. 마이크를 잡고 친구들 앞에서 발표를 하거나 말하는 것에 즐거움을 느꼈어요. 나중에 방송과 관련된 일을 하면 잘할 것 같다는 생각도 들었고요.

저는 어려서부터 사람들 앞에 나와 말하고 발표하는 걸 좋아했어요. 발표하고 싶은데 저를 안 시킬까 봐 조바심이 날 정도로요. 그래서 마이크를 잡고 말하는 모습에 자연스럽게 끌렸나 봐요.

중학생 때는 공부만 열심히

중학생 때는 학교에 가서 공부하고, 하교 후에 도서관에 가서 또 공부했어요. 도서관에서 공부하고 있으면 어머니가 도시락을 싸오셨어요. 그럼 저녁을 먹고 또 공부하고요. 그때는 세상이 학교와 도서관으로만 한정되어 있어서 공부밖에 몰랐고 덕분에 전교 2등까지 했어요. 같은 반에 전교 10등 안에 드는 친구가 4명이나 있었는데, 모두 친하게 지냈죠. 같이 다니면서 공부했던 것이 서로에게 좋은 경쟁이 되었던 것 같아요.

방송반 활동이 즐거웠던 고등학교 시절

　고등학교 때는 공부보다 방송반 활동을 더 열심히 했어요. 학교 축제에서 연극제를 하듯이 방송제라는 걸 했는데, 거기서 할 연기와 뉴스, 콩트 등을 다 함께 만들며 연습했죠. 요즘 고등학교 방송반은 뮤직비디오를 만들거나 광고 혹은 다큐멘터리를 제작해 발표하더라고요. 우리 때는 학생들이 직접 뉴스를 진행하고 콩트를 만들어 연기하는 활동도 했죠.

　당시 동덕여자대학교에서 방송 경연대회를 했는데 고등학생부에 나가 상을 받았어요. 서울시에서 했던 중·고등학교 MC 대회에 나간 적도 있고요. 태어나서 처음 드레스를 입고 설레었던 게 아직도 생생하네요.

　서울시에서 개최하는 토론대회에도 종종 나갔어요. 찬반 토론의 형식도 있고 다른 방식의 토론대회도 있었죠. 거기서 수상한 경력과 전국 MC 대회, 연기 분야의 수상 경력이 있어 방송 특기자로 대학에 입학할 수 있었죠.

쇼호스트라는 꿈!

초등학교 때 장래희망을 적어서 내라고 하면 항상 아나운서라고 적었어요. 그때는 남들 앞에 서서 말하는 직업은 아나운서와 기자만 있는 줄 알았거든요. 자라면서 꿈에 대해 구체적인 그림을 그려봤어요. 마이크를 잡고 사람들 앞에서 내 이야기를 할 수 있는 일, 9시에 출근해서 6시에 퇴근하는 직장이 아니라 자유롭게 출퇴근하는 직장, 좀 더 진취적이고 주도력을 가질 수 있는 직종을 찾다가 결국 쇼호스트라는 꿈을 꾸게 되었죠.

꿈을 향해 앞으로 앞으로!

　대학에 합격하고 명확한 꿈을 꾸게 되자, 어떻게 하면 어린 나이에 쇼호스트가 될 수 있을까를 생각했어요. 방송 분야 외에 판매를 직접 해보면 어떨까 하는 생각으로 금제품을 판매하는 아르바이트를 해봤어요. 쇼호스트는 방송과 영업이 함께 이루어지는 직업이라고 생각했거든요. 손님이 오면 본인이 착용할 것이지 다른 분에게 선물할 것인지 묻고 그 대상에 따라 추천을 해줬는데 그게 정말 재미있더라고요. 아르바이트를 하면서 이 일이 나한테 정말 잘 맞는다고 느꼈고 더더욱 쇼호스트가 되고 싶다는 생각이 들었죠.

　대학교를 다니면서도 쇼호스트가 되는 데 도움이 되는 일들을 하고 싶었어요. 그래서 대학교 방송국에서 2학년 때는 아나운서 부장, 3학년 때는 국장으로 열심히 활동했어요. 그리고 좋은 기회로 MBC 데일리 프로그램의 리포터로 활동하게 되면서 가능한 많은 경력을 쌓아 눈에 띄는 이력서를 만들기 위해 적극적으로 일했죠.

최연소 쇼호스트가 되어

쇼호스트라는 일을 정말 하고 싶어서 미리부터 준비한 덕에 졸업하기 전인 4학년 2학기 때 23살 나이에 NS홈쇼핑에 합격했어요. 2005년 당시에는 농수산홈쇼핑이라는 이름이었어요. 농수산품을 비롯한 다양한 식품을 비중 있게 다루는 회사였는데, 전문분야가 있는 차별화된 방송사라는 것이 가장 마음에 들었어요. 식품은 맛이 없거나 신선하지 않거나 혹은 깨끗하지 않으면 판매되더라도 반품률이 높고, 재구매율은 낮아요. 정직한 상품, 바른 상품을 판매해서 승부를 보겠다는 그 다짐과 포부가 느껴져서 좋았어요.

스물세 살이었던 2005년에 쇼호스트를 시작했으니 19년 차가 되었네요. 제가 꿈꿔 왔던 일을 하고 있으니 얼마나 큰 행운인지 몰라요. 할 수 있는 일, 해야 하는 일, 하고 싶은 일이 같아서 늘 감사하게 생각해요.

가슴 떨리는 첫 방송의 기억

요즘에는 보통 2명의 쇼호스트가 진행하는 경우가 많지만 당시에는 협력사에서 나온 게스트와 쇼호스트 둘이 진행하는 경우가 많았어요. 그래서 저는 첫 방송 때에도 생방송을 이끌어가는 중심 역할을 해야 했어요. 선배의 도움 없이 혼자 진행해야 해서 꼼꼼하게 준비했던 기억이 나네요.

그렇지만 나이는 어리죠, 생방송 진행 경험은 적죠, 가슴은 떨리죠. 말할 때마다 입에서 심장 소리가 들리는 것 같았어요. 그래도 겉으론 내색하지 않고 당찬척했던 것 같아요.^^

자신만의 색깔이 있는 쇼호스트가 되자!

일을 처음 배워갈 때 선배들에게 쇼호스트는 캐릭터가 있어야 한다는 충고를 들었어요. 자신만의 색깔이 있어야 한다는 거죠. 나는 어떤 쇼호스트가 되면 좋을까 고민하던 중 영화 <맘마미아>를 봤어요. 주인공 소피를 보면서 그녀처럼 긍정적이고 밝은 캐릭터의 쇼호스트가 되고 싶다고 생각했죠. 얼굴을 마주 보는 것만으로 사랑스러운 캐릭터잖아요? 그렇게 밝은 느낌을 주는 쇼호스트가 되어 시청자들이 저를 볼 때마다 기분이 좋아졌으면 했어요.

민주홍의 이름을 건 프로그램도

'민주홍의 여행 N조이'라는 고정 프로그램을 3년간 금요일마다 진행했어요. 이름을 걸고 하는 프로그램이라 애착이 많이 갔고, 정말 적극적으로 기획에 참여했던 기억이 나요. TV 홈쇼핑에서는 여행상품의 시청률이 높아요. 화면을 통해 마음으로 먼저 떠나보는 시청자들의 감성에 다가가고자 매주 금요일 밤마다 색다른 시도를 많이 했죠. 중국 북경 여행상품을 방송할 때는 현지로 전화 연결을 해보기도 하고, 먼저 저희 가족이 여행을 다녀온 후 그곳에서 찍은 사진을 앨범으로 만들어 이야기를 전해보기도 했어요. 여행 파워블로거를 초대해 함께 여행과 관련된 대화를 나눈 적도 있고요. 회를 거듭해 100회가 넘어갔는데 그 긴 시간 동안 참 즐거웠어요.

큰 방송사고가
최고 매출로 이어지기도

　오랜만에 상조 방송을 했을 때예요. 방송을 준비하다가 언젠가 엄마와 여행할 때 일이 떠올랐어요. 갑자기 엄마가 "내가 집으로 전화를 하면 엄마가 여보세요 하고 받았으면 좋겠다." 그러시는 거예요. 외할머니가 돌아가신 지 3년 정도 지났었는데 그 얘기를 들으니 눈물이 핑 돌더라고요. 그 기억이 나서 방송에서 그때 얘기를 했죠. 그런데 말을 하다 보니 감정이 격해져 말을 잇지 못할 정도로 눈물이 났어요. 저 혼자 진행하는 방송이었고, 게스트는 방송을 처음 하는 장례지도사 두 분이었죠. 제가 우니까 저 대신 말을 이어받은 게스트도 눈물이 난다면서 같이 우시는 거예요. 그래서 일단 분위기를 전환하려고 방청객 인터뷰를 했는데, 하필 그분도 엄마가 너무 아프시다고 눈물을 글썽이셨죠.

　방송이 계속 그런 식으로 진행되자 그 시간이 너무 길게 느껴졌고 제 방송 인생 중 최대의 고비가 되었죠. 죽음을 다루는 상조 방송이라

해도 상품이기에 수의와 관, 고인 전용 리무진 등 설명해야 할 게 많은데 눈물이 멈출 줄 모르더라고요. 격한 감정을 누르고 그런 얘기를 하려니 많이 힘들기도 했고요. 그런데 정말 신기한 건 지금까지의 방송 중 눈물을 흘렸던 그날이 최고 매출을 기록한 날이라는 거예요. 제가 신입 교육에 들어가면 항상 얘기하는 가장 큰 사고이자 에피소드죠.

전문가가 되기 위해 대학원에 진학했어요

경력이 10년 넘어가면서 전문적으로 공부해보고 싶다는 생각이 들었어요. 그래서 대학원에 들어갔죠. 이 일이 단순히 방송에서 상품만 파는 게 아니라는 생각이 들었거든요. 상품을 어떻게 분석하고 기획할 것인가가 굉장히 중요한 요소라고 생각해 광고홍보학을 전공했어요. 생방송이 있으면 학교에 갈 수 없어서 정말 오래 걸려서 힘들게 졸업했어요.

스물세 살에 쇼호스트가 되어
나만의 색깔을 만들기 위해 노력해왔어요.
민주홍의 이름을 건 프로그램도 진행했고요.
제가 가진 능력과 풍부한 경험을 바탕으로
아직 하고 싶은 일이 많답니다.

재능기부로
다양한 활동을 해요

　저는 시간이 되면 MC 재능기부 활동을 종종 해요. 홈쇼핑 방송 스케줄 때문에 여유 시간이 많진 않지만 재능기부라는 취지가 좋아서 참여하고 있어요. 한국산업인력공단에서 개최했던 드림워커 미니 콘서트와 대통령 직속 청년위원회에서 개최했던 청춘 순례 토크 콘서트의 MC를 봤던 게 특별히 기억에 남네요.

　그리고 결혼식 사회도 자주 보러 가요. 제가 사회를 잘 봤는지 하객들이 행사 전문 MC인 줄 알았다는 얘기를 하세요. 저를 불러준 친구들도 잘 진행해줘서 고맙다고 하고요.

 ## 아직 하고 싶은 일이 많아요

이 일을 한 지도 어느덧 19년이라는 세월이 흘렀어요. 이제 쇼호스트로 안정적인 시기라 앞으로 남은 인생을 어떤 방향으로 끌고 갈지 생각할 때가 온 것은 맞아요. 그래서 제가 가진 능력과 그동안의 경험을 바탕으로 어떤 삶을 살 것인지 치열하게 고민 중이죠. 석사과정을 시작할 때는 교육 분야로 박사과정까지 가고 싶다고 생각했지만 지금은 교육 외에도 강연이나 컨설팅, 오디오북 재능기부 등 하고 싶은 일이 너무나 많아요.

10장에서는?

앞에서 미처 소개하지 못한 궁금증을 해결하는 시간! 쇼호스트에게 묻고 싶은 10가지 질문을 모아봤어요. 방송 중 사고가 발생한 일은 없었는지, 다른 분야로 진출할 수 있는지도 알려주신대요.

방송 중 돌발 사고가 발생하면 어떻게 대처하나요?

QUESTION 01

생방송에서는 예상하지 못한 방송사고가 종종 일어나요. 제가 5년 차 정도 되었을 때 일이에요. 그릇세트를 판매하는데 파트너가 그릇끼리 부딪혀서 청아한 소리를 들려주려고 했어요. 카메라 가까이에 대고 보여주던 중에 그릇을 너무 세게 부딪혀서 와장창 깨져버린 거예요. 옆에서 보고 있던 저도 너무 놀라서 헉 소리를 냈죠. 놀란 것도 잠시 바로 멘트를 했어요. "과학적 원리로 경도가 같은 물건끼리는 원래 부딪히면 깨지는 거 아시죠?" 하며 설명을 마무리했지만 주문은 더 올라가지 못했죠.

반대로 위기가 기회가 되는 순간도 있었어요. 알로에를 방송하는데 생방송 1시간 전에 고객들에게 보여주던 챠트가 사라졌다는 걸 알아차렸어요. 그래서 PD와 함께 설명 방식을 바꿔 방송하기로 했어요. 다행히 새로운 설명 방식이 고객들에게 좋은 반응을 얻어 최고의 매출을 올릴 수 있었죠. 이런 상황이 생방송의 묘미라고 생각해요.

다른 분야로 진출이 가능한가요?

정말 다채로워요. 해외 홈쇼핑으로 진출해 상품을 판매하신 선배님도 계셨고, 쇼호스트 아카데미를 설립해 후배를 양성하는 교육을 하거나 스피치만 전문으로 교육하시는 분도 계시고요. 또는 유튜버로 방향을 튼 동료들도 있어요. 유튜버에서 본인이 소개하고 싶은 상품들을 직접 보여주면서 판매하고 후기를 보여주죠. 협력사의 임원으로 들어가는 분도 있어요. 아무래도 홈쇼핑을 오랫동안 진행하다 보면 소비자의 요구와 변화의 흐름을 파악하는 전문가가 되니까요.

그리고 자신의 이름을 걸고 브랜드와 직접 계약하여 '브랜드셀렉트' 역할로 진출하기도 해요. 제품이 개발되는 과정부터 참여하여 직접 소개하는 역할까지 하는 거예요. 또는 자신이 직접 브랜드를 개발하기도 하고요. 엊그제 쇼호스트 실명 이름을 걸고 만든 상품 광고를 라디오에서 들었어요. ^^

쇼호스트의 연봉은 얼마인가요?

QUESTION 03

억대 연봉 쇼호스트 누구누구 씨라는 얘기는 많이 들어보셨을 거예요. 전에는 그런 연봉이 화제가 되기도 했는데 최근에는 억대 연봉을 받는 쇼호스트들이 많아졌어요. 저도 어린 나이에 억대 연봉을 받았고요. 업계에서 오래된 쇼호스트는 훨씬 많이 받아요. 꼭 그런 분들만이 아니라 평균적으로 다른 직종에 비해 연봉이 높은 편이에요. 프리랜서가 돼서 받는 연봉이 대기업 초임 연봉보다도 많으니까요.

쇼호스트의 남녀 성비는 어떻게 되나요?

QUESTION 04

　2023년 기준으로 NS홈쇼핑의 쇼호스트가 총 46명이에요. 그중에 남자 쇼호스트는 12명이고요. 다른 회사 역시 남자 쇼호스트가 많지 않아요. 시험 응시생 비율을 봐도 그래요. 예를 들어 1,000명이 응시했다고 가정하면 그중에 800명이 여자고 200명이 남자예요.

　예전에는 남자가 가전제품이나 컴퓨터에 관심이 많고, 여자는 옷이나 화장품에 관심이 많았어요. 그래서 쇼호스트도 평소에 관심있는 상품을 맡아 방송하기도 했죠. 그런데 요즘엔 성별에 따른 구별은 없어요. 남자 쇼호스트도 옷이나 화장품을 정말 잘 팔아요. 이미용 전문 쇼호스트가 되어 직접 본인 얼굴에 파운데이션을 바르기도 하고요. 여자 쇼호스트 역시 남자 쇼호스트보다 대형가전을 더 많이 방송하고요.

상품 개발에 직접 참여한 적도 있나요?

QUESTION 05

전에 거위털 이불 개발에 참여한 적이 있었어요. 그래서 거위털 이불을 만드는 공장이 있는 헝가리로 출장을 갔죠. 이불이 만들어지는 과정도 보고 거위 농장에 가서 리포팅도 했었어요.

또 여행상품 촬영을 위해 직접 여행지에 가서 관광객처럼 일정을 따라다니는 일도 재미있었어요. 미국, 호주, 중국, 일본, 베트남, 필리핀 등 많은 나라를 다녀왔어요. 요즘은 드물지만 예전엔 여행상품을 위해 쇼호스트가 직접 촬영하는 경우가 많았거든요.

외국의 쇼호스트와 다른 점은 무엇일까요?

QUESTION 06

국내와 러시아를 오가며 활동하는 지덕용 선배님께 전화해서 여쭤봤어요. 지덕용 선배님은 제가 정말 좋아하고 존경하는 쇼호스트인데요. 얘기를 들어보니 우리나라와 러시아의 쇼호스트 역할이 크게 다르더라고요. 우리는 쇼호스트와 게스트가 함께 출연하면 쇼호스트가 주도적으로 진행과 판매를 하면서 구매를 유도하잖아요. 그런데 러시아에서는 쇼호스트가 고객의 입장이 되어 질문을 하는 역할이에요. 그러면 협력사 게스트가 다양한 답변을 하죠.

진행 방식도 차이가 있어요. 우리는 보통 한 시간에 한 상품만을 판매해요. 그런데 러시아에서는 한 시간에 8개 정도의 상품을 판매한대요. 한 상품에 대해 물어보고 또 옆으로 옮겨 다른 상품에 대해 묻는 거죠. 아마도 나라마다 쇼호스트의 역할이 조금씩 다른 것 같아요.

외국어를 잘해야 하나요?

우리가 외국에 나가서 방송할 것도 아니니 외국어를 잘해야 할 필요는 없어요. 어느 정도 경력을 쌓은 후 러시아나 중국 등 해외 홈쇼핑으로 진출하려는 사람이라면 외국어로 의사소통이 되어야겠지만요. 저같은 경우 면접 마지막에 자신 있는 외국어로 자기소개를 하라고 한 적이 있었어요. 지금은 다들 외국어를 잘하니까 면접에서 그런 일은 별로 없더라고요. 또 제 전공이 영어영문학이라 그런지 영어나 어학기와 관련된 상품들을 종종 진행했는데 그런 상품을 설명할 때 유리할 수는 있어요.

아카데미에 다니면 입사에 도움이 될까요?

QUESTION 08

요즘 들어오는 신입 후배 중 절반은 아카데미에 다녔다고 해요. 아카데미에서는 기초 과정 3개월에 전문 과정 3개월을 권한대요. 비용도 꽤 많이 들고요. 아카데미에 다니면 시험 과정 준비는 물론 지난 시험 유형이나 지난 면접 때 나온 질문이 어땠는지 알 수 있으니까 아무래도 도움이 되겠죠.

저는 혼자 준비했는데요. 우선 공책에 홈쇼핑 편성표와 해당 쇼호스트를 적어 놨어요. 그리고 방송을 보면서 어떤 순서로 설명하고 어떻게 진행하는지 차곡차곡 적어 나갔죠. 상품의 종류에 따라 각각 다른 방식으로 설명하는 걸 보면서 '아 저런 상품은 저렇게 설명하는 거구나' 하고 이해한 거죠. 아니나 다를까 면접에 제가 정리했던 내용과 같은 질문이 나왔어요. 아카데미에 다니면 도움이 되겠지만 혼자 준비하는 것도 어렵진 않아요.

이 일을 그만두고 싶었을 때도 있었나요?

어쩌다 슬럼프가 오는데 그럴 때면 다 그만두고 싶다는 생각이 들어요. 일반 직장인들도 그런 주기가 있다고 들었어요. 슬럼프에 빠지면 방송이 잘 안 풀리는 것 같고, 시간은 계속 흐르는데 내 실력은 더 이상 느는 것 같지 않다는 부정적인 감정이 저를 감싸죠. 그 시간을 잘 견디고 극복하면 내가 또 한 단계 올라갔다는 느낌이 들어요.

저는 쇼호스트라 직업이 마치 계단을 오르는 것처럼 한 단계 한 단계 성장한다고 생각해요. 이 일을 시작하자마자 정상에 오르거나 스타가 되기는 쉽지 않거든요. 차근차근 계단을 오르다 힘들 때 좀 쉬면 또 다음 계단을 오를 힘이 생기는 거죠.

홈쇼핑에서 특이한 상품을 판매한 적이 있다면?

QUESTION 10

    홈쇼핑에서 아이돌 사인 CD도 팔았어요. 신규 아이돌의 경우 수많은 아이돌 중에서 자신들의 이름을 알리는 게 중요하기 때문에 방송 비용을 내고 한 시간을 사는 거죠. 그 시간 동안 노래하고 인터뷰하며 본인들을 알리는데, 큰 규모의 수익을 바라는 게 아니라 홍보를 위한 거예요.

    또 뮤지컬 티켓도 판매해요. 역시 홍보를 위한 목적이에요. 이처럼 수익을 목적으로 하지 않고 홍보를 위해 홈쇼핑을 이용하는 경우가 종종 있어요. 새로운 브랜드가 시장에 나올 때 홍보 효과가 크다고 생각하는 홈쇼핑을 통해 소개하는 거죠. 15초짜리 공중파 방송의 광고보다 한 시간 동안 자신들의 상품을 소개하는 게 시청자들에게 노출될 확률이 더 높으니까요.

상품개발에도 참여하는 쇼호스트는 상품에 따른 성별 구분도 없이 맡은 상품을 잘 소개한답니다~

11장에서는?
나도 쇼호스트! 준비된 여행상품을 고객에게 판매한다고 생각하고 나만의 멘트를 만들어보세요.

 # 쇼호스트를 위한 다섯 가지 키워드

여러분이 쇼호스트가 되었다고 상상해보세요. 곧 여행상품 방송을 앞두고 있어요. 어떻게 하면 고객을 설득할 수 있을까요? 사람의 마음을 움직이는 일은 쉽지 않지만, 설득 커뮤니케이션 방법을 알고 있다면 여러분도 할 수 있어요. 설득 커뮤니케이션, 다섯 가지 키워드로 배워 봐요.

01. 한마디로 유혹하라

영화감독이 120분이 넘는 영화를 제작하면서 가장 고민하는 장면이 첫 장면이라는 얘기를 들은 적이 있다. 첫인상을 남기자. 출발은 중요하다.

대부분 TV 홈쇼핑에서 매주 금요일과 토요일 00:00에는 주로 여행상품을 방송한다. 가장 편한 옷을 입고 가장 편한 자세로 TV를 시청하던 시청자에게는 당장 구체적인 여행 계획이 없다. 하지만 리모컨을 잡고 홈쇼핑에 머무는 시간은 길다. TV 홈쇼핑에서 여행상품 방송의 시청률이 높다는 데이터가 그 증거다.

첫인사에서 주절주절 오늘 준비한 모든 내용을 나열할 생각은 접자. 속담, 명언, 격언, 유머, 일화 등을 활용해서 오프닝은 한마디로 유혹하자.

예: "자식에게 만권의 책을 읽히는 것보다 만 리의 여행을 보내는 것이 낫다는 중국 속담이 있습니다. 이번 겨울방학 아이들과 교과서 밖으로 중국 여행은 어떠세요? 안녕하세요? 쇼호스트 민주홍입니다."

나의 멘트 :
_____
_____
_____
_____
_____
_____
_____
_____

02. 감성 접근! : 우뇌형, 스토리텔링 기법

두뇌의 우뇌는 감성적인 내용에 반응한다. 추상적인 이야기를 준비하는 것보다 자세한 상황을 제안해보자. 디테일이 살아있으면 설득력이 생긴다. 그래야 고객에게 공감을 얻고 구매로 이어질 수 있다.

예를 들어 가족이 함께 해외여행을 떠날 때는 목돈이 든다. 비용이 부담스러운 것은 사실이다. 이 상황에서 고객에게 "오늘이 최저가예요. 오늘 가격이 좋습니다."라는 이야기는 마음에 와닿지 않는다. 돈이 많이 든다는 관점을 긍정적 가치 소비 감성 스토리텔링으로 설득하자.

예: "얼마 전 청소년들의 스마트폰 중독이 심각하다는 뉴스가 나왔죠. 생각해 보면 집에 와서도 휴대폰을 자주 만지고, 컴퓨터 앞에 있는 시간도 굉장히 길어졌어요. 자, TV를 끄고 가족끼리 대화를 한 적이 언제였나요? 2박 3일간 가족의 시간을 선사합니다. 시간은 돈으로도 살 수가 없다고 하죠? 아이들의 견문도 넓힐 수 있는 기회, 떠나볼까요?

나의 멘트 :

03. 이성 접근! : 좌뇌형, 스토리텔링 기법

관광지에 대한 자료를 수집하면서 통계의 힘도 잊지 말자. 두뇌의 좌뇌가 이성적인 내용에 반응하듯, 막연한 메시지보다 다양한 통계가 담긴 스토리텔링 활용으로 전달력을 강화하자.

자료 수집한 내용을 바탕으로 누구에게 이야기할 것인가? 사전 제작회의에서 나라별로 시즌별로 주 고객층이 누구인가 묻고 분석하여 통계를 활용하자.

일본 규슈 여행상품의 경우, 가족단위는 기본이지만 NS홈쇼핑은 다른 회사보다 40대 이후 60대의 단체여행객이 많다. 계모임, 부부동반, 산악회 등 단체모임에 대한 제안도 좋다.

예: "한국인이 가장 가고 싶어 하는 해외 여행지 1위는 어디일까요? 바로 1위가 일본인데요. 해외여행을 하려는 이유로는 이국적인 경관, 볼거리가 73.1%를 차지했네요. 먼 나라 이웃 나라로 이번 모임을 계획해보세요. 단풍의 절정 시즌인 10월 중순 출발하는 규슈 여행에 친구와 가족 또는 단체여행객 12분이 떠난다면 단독행사(정해진 인원수 이상의 단체객에 대한 단독 가이드, 단독 차량 제공으로 다른 일행 없이 여행을 즐기는 것)로 진행합니다."

나의 멘트 :

04. FUN, 느낌표를 남겨라!

소개하는 국가의 언어, 문화, 기후, 비행시간, 관광지에 대한 서적과 인터넷 조사는 기본 준비일 뿐이다. 나만의 색깔과 전략으로 설득하려면 고객에게 느낌표를 남겨라.

TV 홈쇼핑에서 방송하는 여행상품 장르는 다큐멘터리가 아니다. 시청자들을 1일차에 가는 관광지가 어디인지, 2일차에는 어떤 곳을 둘러보는지 읽어주기만 기다리고 있지 않다. 떠나고 싶게 만들려면 먼저 채널에 머무르게 만들어야 한다. 60분을 방송하면서 듣는 이가 처음 접하는 새롭고 흥미로운 이야기들이 곳곳에 필요하다.

예: "제가 베트남 여행을 갔을 때 가이드분이 이런 이야기를 해주셨어요. 베트남에서 조상을 모시는 제사상에 우리나라 음식이 올라간다고요. 글쎄 도통 감이 안 오더라고요. 정답은? 우리나라 대표 초코과자였어요. 왜 베트남의 제사상에 우리나라 초코과자가 올라갈까? 궁금해졌어요. 이곳에는 제사상에 맛있는 음식을 올리는 문화가 있어서라고 해요. 해외여행 중에 알게 되는 더 많은 이야기, 궁금하지 않으세요? 천년의 수도 하노이에는 가는 곳마다 재밌는 이야기가 숨어있어요."

나의 멘트 :

05. 온리 원으로 넘버원을 노려라!

연간 해외여행객 수 2,400만 시대. 금요일 밤 채널을 돌려보면 대부분의 홈쇼핑에서 여행상품을 방송한다. 그런데 왜 지금 NS홈쇼핑을 선택해야 할까? 물론 NS홈쇼핑에서 준비한 혜택, 지금 결정했을 때의 특전을 강조하는 것도 방법이다. 하지만 한 가지 더.

내 생애 가장 특별한 여행을 기대하는 고객에게 차별화된 '신뢰'를 전해야 한다. 여행 방송을 포함한 TV홈쇼핑에는 방송 심의라는 제재가 있다. 내 마음껏 과장할 수도 없고 포장할 수도 없다. 신뢰가 답이다. 여행상품에 한 끼의 식사가 미포함 되어 있는 경우 단점을 숨기지 말자.

예: "일본으로의 여행길. 마치 크루즈 여행을 하듯 배를 타고 출발하는 여행길에서 두 끼의 식사를 해야 하는데요. 한 끼는 불포함이랍니다. 부산에서 드시고 싶었던 음식을 미리 구입해서 배에 올라보세요. 며칠 전 TV에 소개된 씨앗호떡, 냉채족발도 좋겠죠? 음식 반입이 가능하기 때문에 창문 밖으로 바다 풍경을 하염없이 내다보며 맛있는 음식도 즐기면서 출발해보세요."

나의 멘트 :
_____
_____
_____
_____
_____
_____
_____
_____

초등학생의 진로와 직업 탐색을 위한 잡프러포즈 시리즈 23
쇼호스트는 어때?

2023년 6월 26일 | 초판 1쇄

지은이 | 민주홍
펴낸이 | 유윤선
펴낸곳 | 토크쇼

편집인 | 박성은
표지 디자인 | 이희우
본문 디자인 | 스튜디오제리
마케팅 | 김민영

출판등록 2016년 7월 21일 제2019-000113호
주소 | 서울시 서초구 나루터로 69, 107호
전화 | 070-4200-0327
팩스 | 070-7966-9327
전자우편 | myys327@gmail.com
ISBN | 979-11-92842-21-9 (73190)
정가 | 13,000원

이 책의 저작권은 저자와 출판사에 있습니다.
서면에 의한 저자와 출판사의 허락 없이 책의 전부 또는 일부 내용을 사용할 수 없습니다.